作成者 Sylva Nnaekpe

Copyright © 2019 Sylva Nnaekpe.

すべての権利が予約されています. この本の一部は, あらゆる手段で再現されることはありません.
コピー, 録音, テーピングを含むグラフィック, 電子または機械
または, 書き込み許可なしの情報ストレージ取得システムによって
批判的な記事に具現化された短い引用の場合を除き, 著者の
そしてレビュー.

書店は書店で注文することができます.
連絡することでSilsnorra Publishing at:
silsnorra@gmail.com

インターネットのダイナミックな自然のため, どんなwebアドレスでも,
この本に含まれるリンクは, 出版以来変わった可能性があります
そして, もはや有効ではないかもしれない. この仕事で表現された景色は
著者の人だけで, 必ずしも出版社の見解を反映していない.
そして出版社は彼らのためにどんな責任も負いません.

Isbn 978-1-951792-16-9 (ソフトカバー)
Isbn 978-1-951792-15-2 (ハードカバー) (英語で)
Isbn 978-1-951792-35-0 (電子書籍)

最後のページで利用可能な情報を印刷します.

Silsnorra Publishing レビュー日: **10/18/2019**

私の誕生は幸せ, 喜び,

そして笑いに包まれた.

見るのが一番美しい光景だった.

私は最も美しい機能を持ってい
ます: 髪, 目, 鼻, 耳, 歯,
口の中のほとんどの人と同じように.

私の心は思いやり, 愛,
そしてケアに満ちています.
私は自分で電話できる気がする.

私は自由な精神を持って，

私は，新しいことを学び，

　探求する準備ができています．

血は私の静脈に流れている．
そして私は成長と開発の同じ
プロセスを他の子供と同
じようにする．
私はクロールして，
話して，座って，立って，
歩いて，走って，
私が出会った子供の多
くのように．

私は生命空気, 水, 食べ物,
飲み物, 日光, 星, 砂,
季節の贈り物を楽しんでいる.
他のみんなと同じように.

私はたくさんのエネルギーを持っている.
私は季節に合わせて服を着ています.
そして私はクールな子供です.
私は気にする人に囲まれて,
私がうまくやるのを見たいと思っています.

私は私が望むものに成長し, 私を愛する人々の助けとサポートを持って, 私のことを気にして, 私の周りにいる.

私は愛されている,
そして私は気にする.
いくつかのことは私たちをバラバラ
にしようとするかもしれませんが,
私は一緒にいると確信しています.
私たちは世界をより良
くすることができます.

私の名前は＝です．

私は美しい,

そして

あなたもね.

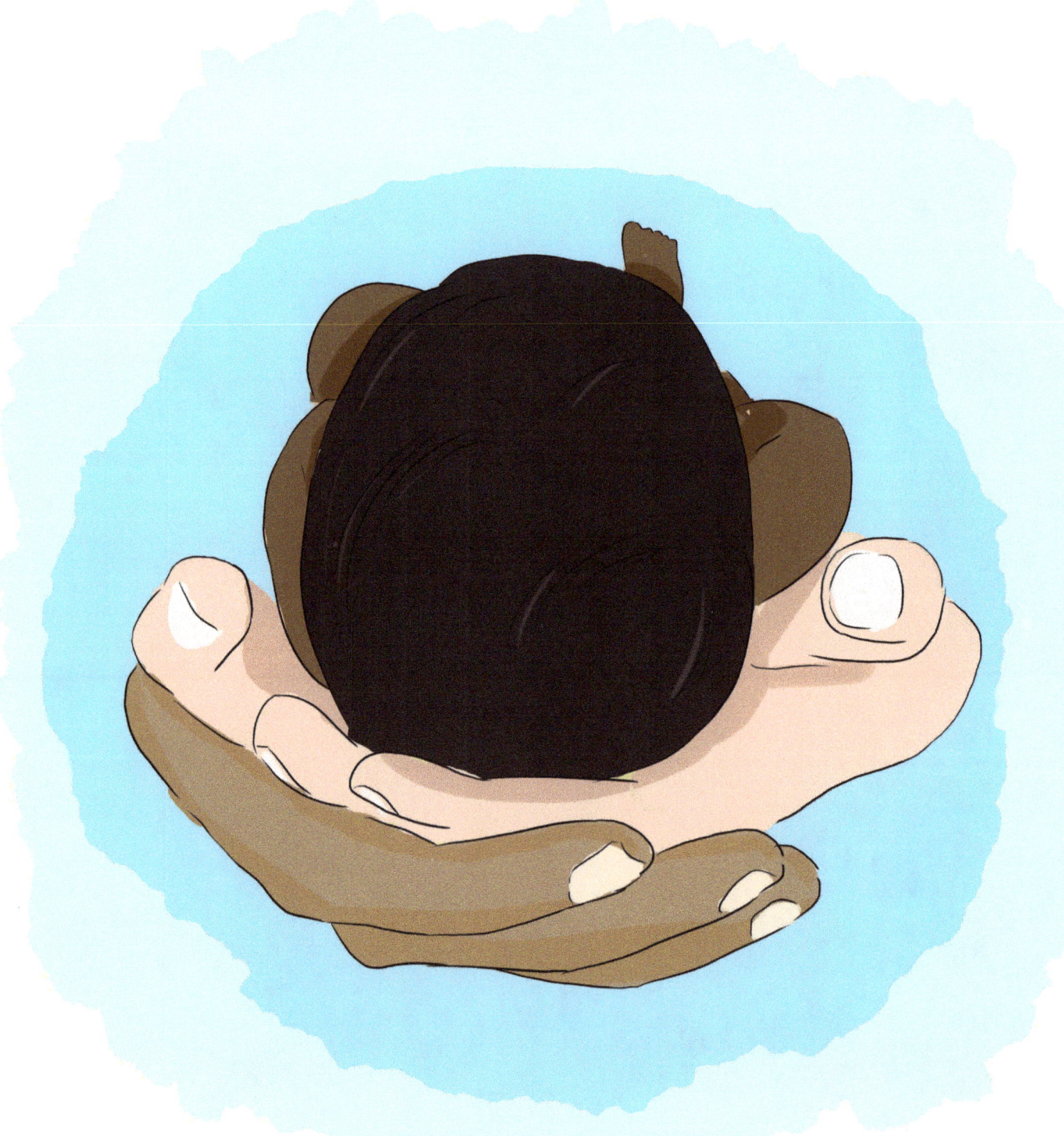

ザエンド

www.ingramcontent.com/pod-product-compliance
Lightning Source LLC
Chambersburg PA
CBHW051404110526
44592CB00023B/2950